BEI GRIN MACHT SICH IHR WISSEN BEZAHLT

AF140021

- Wir veröffentlichen Ihre Hausarbeit, Bachelor- und Masterarbeit

- Ihr eigenes eBook und Buch - weltweit in allen wichtigen Shops

- Verdienen Sie an jedem Verkauf

Jetzt bei www.GRIN.com hochladen und kostenlos publizieren

Bibliografische Information der Deutschen Nationalbibliothek:

Die Deutsche Bibliothek verzeichnet diese Publikation in der Deutschen National-bibliografie; detaillierte bibliografische Daten sind im Internet über http://dnb.d-nb.de/ abrufbar.

Impressum:

Copyright © 2019 GRIN Verlag
Druck und Bindung: Books on Demand GmbH, Norderstedt Germany
ISBN: 9783668981522

Dieses Buch bei GRIN:

https://www.grin.com/document/490846

Tobias Untersberger

Entwicklung von KI-Algorythmik und ihre Auswirkung auf Mensch und Gesellschaft

GRIN Verlag

GRIN - Your knowledge has value

Der GRIN Verlag publiziert seit 1998 wissenschaftliche Arbeiten von Studenten, Hochschullehrern und anderen Akademikern als eBook und gedrucktes Buch. Die Verlagswebsite www.grin.com ist die ideale Plattform zur Veröffentlichung von Hausarbeiten, Abschlussarbeiten, wissenschaftlichen Aufsätzen, Dissertationen und Fachbüchern.

Besuchen Sie uns im Internet:

http://www.grin.com/

http://www.facebook.com/grincom

http://www.twitter.com/grin_com

Entwicklung von KI-Algorythmik

und ihre Auswirkung

auf Mensch

und Gesellschaft

Danksagung

Ich möchte mich an dieser Stelle bei folgenden Personen und Institutionen, welche zum Gelingen dieser Arbeit beigetragen haben, bedanken.

Vielen Dank an die Technische Universität Wien für die bereitgestellten Arbeiten und Forschungsergebnisse aus dem kognitiv-vergleichenden Bereich.

Ein ebenso großes Dankeschön gilt Stefan Stücklschweiger, der mit der Bereitstellung von Karten zu den letzten Fifteen Seconds- Events viele interessante Gespräche und unter anderem großartige Interviews möglich gemacht hat.

Besonders möchte ich mich bei Jeremy Abbett bedanken, welcher mit seiner Bereitschaft, ein Interview mit mir zu führen, meine Arbeit enorm aufgewertet hat. Seine Sichtweise auf die Zukunft im Bereich der KI hat mich in wesentlichen Punkten beeinflusst und auch persönlich fasziniert.

Abschließend möchte ich mich bei meiner Betreuerin, Mag.ª Nora Andracher bedanken. Sie hat mir mit ihrer offenen Einstellung und Flexibilität ermöglicht, eine Arbeit nach meinen Vorstellungen zu schreiben. Dieser ungezwungene Umgang hat das Schreiben meiner VWA für mich zu einem Erlebnis gemacht, welches mir als positiver Eindruck, in Bezug auf das Schreiben an sich, in Erinnerung bleibt.

Abstract

Diese Arbeit bietet die Grundlage und das Basiswissen zum Thema Künstliche Intelligenz und kommt mit diesen Erkenntnissen zur Beantwortung fälliger Fragen.

Das Thema der Künstlichen Intelligenz wirft jedoch neben zahlreichen technischen Fragen und komplexen Zusammenhängen auch bedeutende ethische und moralische Fragen auf. Zu jenen soll diese VwA verschiedene Blickwinkel anbieten und gleichzeitig klar auf die Situationen verweisen, aus denen heraus Meinungen und Kommentare entstanden sind. Eine Besonderheit dieser Arbeit ist das Gespräch zwischen mir und dem ehemaligen Creative Director von Google, Jeremy Abbett.

Das daraus entstandene Interview bietet interessante Einblicke in die Welt einer Wirtschaftsgröße wie Google und gibt einen positiven Ausblick auf die digitale und analoge Zukunft.

Inhalt

Entwicklung von KI-Algorythmik

und ihre Auswirkung

auf Mensch

und Gesellschaft

Tobias Untersberger

1. Einleitung

Seit Anbeginn der höheren Menschheitsgeschichte mit dem Aufrichten des Torsos haben sich die Parameter, welche über Leben oder Sterben bestimmen, stark verändert. Wo zu Beginn reine Stärke und pure Gewalt zu tragen kamen, ersetzen heute motorische Fähigkeiten, Kombinatorik und Auffassungsgabe die ursprünglichen Überlebenstriebe. Rechenkapazität und innovative Verarbeitungsmöglichkeiten haben sich als Indikator für Reichtum und Fortschritt herausgestellt. Diesen Umstand macht sich die KI-Algorythmik zunutze - sie verbessert und beschleunigt, sie passt an und individualisiert. Das macht sie zu einem der fortschrittlichsten Forschungsgebiete der heutigen Zeit. Diese Arbeit soll einem Thema, dem aus Gründen der Komplexität und der schwierigen Anwendbarkeit zu wenig Aufmerksamkeit zukommt, einen Auftritt und eine Möglichkeit der Entmystifizierung geben.

Die Arbeit soll unter anderem beantworten, wie sich die Suche nach Künstlicher Intelligenz entwickelt hat und welche Meilensteine dabei erreicht wurden, welche Benchmarks im Wettlauf um die Erstellung neuronaler Netzwerke gesetzt werden und welche Gefahren, Chancen und Potenziale durch die Forschung und Entwicklung an einem solchen Thema entstehen.

Als Quellen werden Fachliteratur, Fachbereichsarbeiten, Projektberichte, Gespräche mit Menschen, die sich mit dem Thema auseinandersetzten oder es zu ihrem Beruf gemacht haben, und allgemeine Onlinerecherche verwendet.

1.1. Political-Correctness und Gender

Die in dieser Arbeit verwendeten, nicht direkt personenbezogenen Ausdrücke, im Speziellen Berufsbezeichnungen, sind als absolut geschlechtsneutral zu betrachten und sprechen immer sowohl Frauen als auch Männer an. Aus Gründen der Einfachheit und Lesbarkeit wird jedoch auf die gesonderte Aufzählung verzichtet.

2. Erste Gedanken – Intelligenz

Das Wort Intelligenz wird aus dem lateinischen Begriff *intelegere* (wörtlich: verstehen, wählen zwischen) hergeleitet, der wiederum ein Kompositum aus den Einheiten *inter* (zwischen) und *legere* (lesen, wählen) ist.[1] Diese Herleitung verleiht einem jedoch bedenklich wenig Auskunft über die Definition und die Abgrenzungen dieses Begriffes. Aus diesem Grund wird die Findung einer möglichst akkuraten Definition zu den Themen des Kapitels *Erste Gedanken - Intelligenz* gehören.

2.1. Der g-Faktor nach Charles Spearman

Charles Spearman studierte 1897 bei Wilhelm Wundt Psychologie und beendete sein Studium nach Einberufung in den Burenkrieg. Dennoch promovierte er 1904 bei Wundt und erweiterte seine Studienlaufbahn um einige Studiengänge wie Physiologie und Philosophie.

Spearman stellte in einer Untersuchung verschiedener Intelligenztests an einer Gruppe von Probanden und deren Auswertungen fest, dass sich verschiedene Sparten der Intelligenzmessung korrelativ verhalten. Spearman kam so zu dem Schluss, dass es einen umfassenden Parameter für die Intelligenz geben müsse, den er *General Factor of Intelligence* nennt. Dieses Ergebnis fasste der Psychologe 1904 in seiner Faktortheorie der Intelligenz zusammen.

In einer weiteren Theorie von Spearman, seiner *Zwei Faktoren Theorie,* teilt er jedem Messwert, der sich aus der Auswertung spezifischer Intelligenztests, die jedoch immer auf eine bestimmte Art beziehungsweise Ausprägung der Intelligenz abzielen, ergibt, zwei erzeugende Faktoren zu. Dadurch kommt die Vernetztheit der Umstände, die zu intelligentem Verhalten oder allgemeiner Intelligenz führen, gut zum Ausdruck.

---

[1] Vgl: https://www.duden.de/rechtschreibung/Intelligenz (Zugriff am 02.06.2018)

Zu bemerken ist jedoch, dass schon damals die Bemessung der kognitiven Leistungsfähigkeit und der Intelligenz als isolierter Faktor stark umstritten war.[2] (Das war unter anderem der Fall, weil sich Testungen meist nicht auf Größen wie schlussfolgerndes Denken oder Kombinatorik konzentrierten.)

Ein Beispiel für einen Test, der zur Berechnung des g-Faktors herangezogen wird, ist Ravens Matrizentest (auch bekannt als Ravens Progressive Matrizen). Diese Intelligenztestung verzichtet durch Multiple-Choice Prüfungsverfahren völlig auf eloquentes Verhalten als Bewertungsgrundlage. Er spezialisiert sich auf das Erkennen von Mustern und die Feststellung von Fehlern in diesen, beziehungsweise das Weiterführen der Muster.[3]

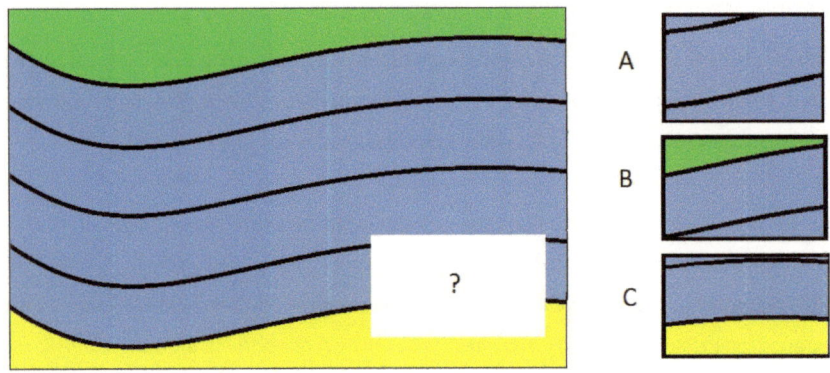

Abbildung 1 Testausschnitt Mustererkennung[4]

Das in Abbildung 1 erkennbare Aufgabenmuster ist einseitig auf die Erkennung eines Musters ausgelegt, vernachlässigt jedoch alle anderen Bereiche des kognitiven Leistungsspektrums.

---

[2] Vgl: http://lexikon.stangl.eu/3041/g-faktor-generalfaktor (Zugriff am 02.06.2018)
[3] Vgl: https://www.testzentrale.de/shop/advanced-progressive-matrices.html (Zugriff am 02.06.2018)
[4] Vgl: https://www.spektrum.de/lexika/showpopup.php?lexikon_id=4&art_id=14686&nummer=304 (Zugriff 27.10.2018)

2.2. Lösungsfindungskompetenz als Parameter für Intelligenz

Ein anderer Ansatz Intelligenz zu messen ist es, den Begriff selbst als Eigenschaft zu sehen, die in verschiedenen Ausprägungen vorkommt. So wird Intelligenz in diesem Modell als Fähigkeit, Probleme zu lösen und Ziele zu erreichen, definiert. Das Maß der Intelligenz hängt dann im Wesentlichen davon ab, wie komplex die erreichten Ziele sind. Menschen beispielsweise sind mit ihrer neuronalen Konstellation in der Lage, relativ komplexe Aufgaben, wie zum Beispiel das Wiedererkennen von Gesichtern, zu meistern. Um die interspezifische Kommensurabilität zu bewahren, muss man der Bemessung von Komplexität einen Rahmen bieten. So ist das Leben unter Extrembedingungen wie Hitze, Kälte, Druckextremen oder Aussetzung von Strahlung für Menschen ohne Schutzausrüstung unmöglich, während sich bestimmte Bakterien genau unter solchen Bedingungen wohlfühlen und das ohne intelligenter zu sein. (beziehungsweise intelligenteres Verhalten an den Tag zu legen) Hierbei ist die Komplexität des Ziels als sehr nieder einzustufen, da kein Aufwand der Spezies vonnöten ist, um die, für andere unerreichbare Herausforderung, zu meistern. Die Formulierung der Ziele ist somit wichtig. Dabei ist es von Bedeutung, evolutionäre Einschränkungen gegebenenfalls außer Acht zu lassen. Im Weiteren ist es notwendig, die Anspruchsbereiche breitgefächert aufzustellen, um eine sinnvolle Einschätzung der Intelligenz eines Individuums zu erreichen.

Schlussendlich liefert diese Betrachtungsweise eine gute Vergleichbarkeit zwischen verschiedenen Individuen. Ein absolutes Maß für Intelligenz ist jedoch auch das nicht. Ein unbestrittener, numerischer Wert ist nach heutigem Stand nicht zu erreichen, was im Wesentlichen an der Schwierigkeit liegt, der Komplexität einer Aufgabe einen numerischen Wert zuzuweisen.

Ein Weg dieses Problem zu beheben ist, als Wert für die Intelligenz den Kehrwert des für eine Aufgabe benötigten Energieaufwandes zu verwenden [Ahg.]. Dieser Verbrauch lässt sich an der Präsenz von Glukosemolekülen festmachen. Die Werte dafür liefert ein Positronen- Emissions- Tomograph. Er misst die von Natrium-22-Isotopen emittierten Positronen. Das Natrium-22 wird zuvor in die, dem Patienten verabreichte Glukose integriert.[5] Diese Werte könnten einen intraspezifischen Vergleich und einen numerischen Wert bieten. Doch auch diese Methodik würde markante Schwachstellen aufweisen. Sie misst zwar den objektiven Denkaufwand, jedoch gibt es immer mehrere Möglichkeiten, ein vorformuliertes Ziel zu erreichen. Dabei sind vor allem die Ergebnisse, welche das Gehirn des Probanden liefert und nicht unbedingt gefragt sind, ein ausschlaggebender Faktor. Sie stellen somit einen, für die Aufgabe unnützen Aufwand dar, und verfälschen das Ergebnis.

Der Energieaufwand steht allerdings gemeinsam mit der benötigten Zeit als Kontrafaktor der Effizienz gegenüber.

Dabei ergibt sich bei einer grafischen Veranschaulichung, bei der die Monotonie der Zeitkurve in ihrer Steigung an die der Glukose-Aufwandskurve angenähert ist, folgende Grafik. In dieser Darstellung wird die Effizienz unter der Annahme von gleicher Beeinflussung des Endwerts durch Zeitaufwand und Glukoseverbrauch mit $Effizienz = \dfrac{1}{(Glukoseaufwand+Zeitaufwand)^2}$ dargestellt.

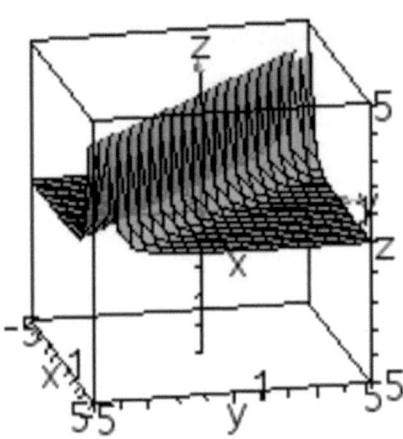
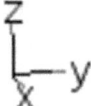

Abbildung 2 Grafik zur Effizienzberechnung[6]

---

[5] Vgl: Kaku, Michio: Die Physik des Bewusstseins: Über die Zukunft des Geistes. Auflage 2. Rowohlt Taschenbuch Verlag Reinbeck bei Hamburg 2015. (Seite 44)
[6] Erstellt mit Texas instruments™

2.3. Intelligenz als linguistisches Problem

Das Ergebnis der beiden vorangegangenen Kapitel ist, dass Intelligenz ein Begriff ist, der in unserem Sprachgebrauch eher trivial, wissenschaftlich jedoch hochkomplex ist. Zu bedenken ist, dass der tägliche Gebrauch an unsere Sprache nicht den Anspruch von Präzision und Unwiderlegbarkeit stellt.

Bei Verwendung ist beiden Seiten klar was gemeint ist. Bei genauerer Betrachtung ist es das jedoch nicht. Dieser Umstand bietet bestimmt einige Schwierigkeiten, er soll jedoch kein Hindernis für diese Arbeit sein. Eine Ausweitung erfährt der Begriff, wenn man ihn von Lebewesen auf rechenfähige Systeme ausweitet.

3. Arten der Umsetzung vom Biologischen in das Analog-technische und das Digitale

Die Herausforderung beim Versuch Maschinen beziehungsweise Algorithmen durch das Lösen von Aufgaben zu verbessern, ist es, den Unterschied zwischen der Handlungsweise eines Menschen und der eines Computers zu überbrücken. Ob dieses Ziel erreicht werden kann ist bis heute nicht gänzlich klar. Belegt sind derzeit allerdings bereits Erfolge der Branche. So hat zum Beispiel der Algorithmus des Supercomputers Deep Blue von International Business Computers 1997 gegen den damaligen Weltmeister Garry Kasparov im Schach gewonnen.[7]

3.1 Gliederung der Herangehensweisen an Künstliche Intelligenz

Künstliche Intelligenz beschreibt an sich die Problemlösung durch digitale Rechenleistung auf einem humanoiden Basismodell. Bei jeder Herangehensweise ist das Hauptziel ein ähnliches. Nämlich den Algorithmus und somit die Maschine lernen zu lassen. Algorithmen, die sich selbst verbessern und aus Fehlern lernen, sind deshalb so nützlich und begehrt, weil sie die menschliche Eigenschaft zu lernen, mit der technischen Eigenschaft, Tag und Nacht zu

---

[7]Vgl: https://de.chessbase.com/post/20-jahre-kasparov-gegen-deep-blue (Zugriff 30.01.2019)

arbeiten und allgemein in der Einsetzung und Handhabung besonders billig und unkompliziert dem Menschen gegenüber, vereint. Diese Tatsache macht Künstliche Intelligenzen zu einer so wirtschaftlichen Alternative. Im Weiteren bringt die KI noch den enormen Vorteil der Geschwindigkeit mit sich. Computer können Rechenaufgaben in Bruchteilen von Sekunden lösen. Die Herausforderung beim Entwickeln Künstlicher Intelligenzen ist es, die Ergebnisse solcher Rechenschritte zu einem sinnvollen Netz an Informationsabgleichen und Handlungsabläufen zu gestalten.

Diese Herausforderung erfreut sich mehrerer Lösungszugänge. Jeder davon weist eigene Fortschritte und Spezialgebiete auf. Die Hauptbereiche, in welche man all diese Handlungsweisen beziehungsweise Techniken gliedern kann, sind Deep Learning, Machine Learning und Neural Networking. All diese Möglichkeiten, Algorithmen lernen zu lassen, fasst man unter dem Begriff Künstliche Intelligenz zusammen.

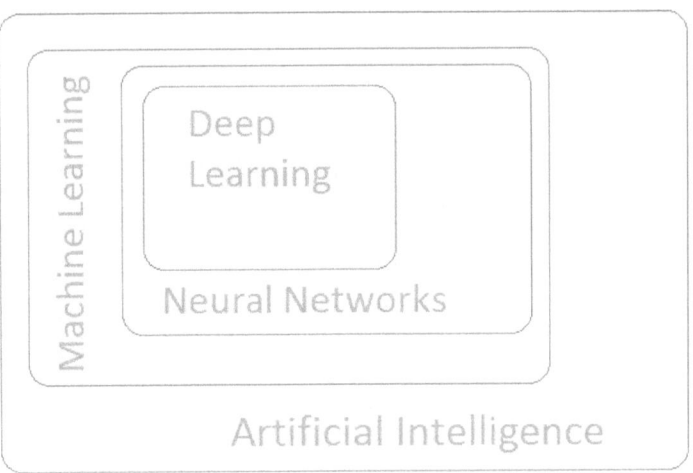

Abbildung 3 Unterteilung der KI

3.2 Machine Learning

Machine Learning ist der Grundstock der Künstlichen Intelligenz. Der Grundgedanke ist analog zum menschlichen Klassifikationsprozess und der Wahrnehmungsverarbeitung. Sobald ein Mensch oder auch Tier, welches einer höheren Intelligenzstufe zuzuordnen ist, ein Objekt, eine Situation, eine Bewegung oder eine Emotion eines Artgenossen wahrnimmt, tut er dies über seine Sinneskanäle. Die Wahrnehmung des Menschen setzt sich dabei beispielsweise beim Erkennen eines fahrenden Autos aus optischen Reizen, akustischen Wahrnehmungen und eventuell einer olfaktorischen Komponente zusammen.[8] Unter der Annahme, das Gehirn sei in seiner Arbeitsweise einem Algorithmus gleich, kann man den Ablauf der Klassifikation wie folgt darstellen:

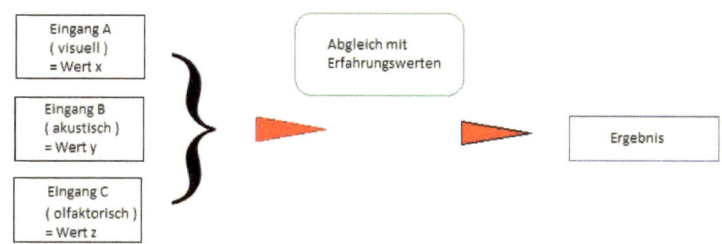

Abbildung 4 Ablauf einer Klassifikation

Der Prozess des maschinellen Lernens funktioniert analog dazu. Der Entwickler des Algorithmus setzt für diesen eine Abfolge von Schritten fest. Durch Befolgen und Abarbeiten dieser Schritte sortiert das Programm bei der Fotoerkennung zum Beispiel zuerst die gemessenen Daten. Dabei entstehen reine Zahlenwerte wie Wellenlängen, Anzahl der Pixel oder Spektren. Im Fall eines rein digitalen Bilderkennungssystems verwertet der Algorithmus die Informationen aus dem Bildfile. In diesem sind genaue Angaben über Helligkeit und Farbstufen. Diese werden im Ausgabeprozess benötigt, um eine Abbildung am Bildschirm

---

[8] Vgl: Lenzen, Manuela: Künstliche Intelligenz. C.H.Beck OHG, München 2018. (S.50 f.)

entstehen zu lassen. Anfangs muss der Entwickler sich für Parameter entscheiden, die zur Einstufung herangezogen werden sollen. Dann beginnt die Trainingsphase. In dieser werden, im Falle der Bilderkennung, dem Programm Bilder eingespeist, die es erkennen muss.

Anfangs ähnelt ein solcher Prozess reinem Raten, weil der Algorithmus zwar die Parameter kennt, jedoch keine Referenzwerte hat. Nach einem Erkennungsversuch wird das Ergebnis des Rechenvorgangs mit dem tatsächlichen verglichen. An dieser Stelle gleicht der Algorithmus seine Grenzwerte, von welchen die Klassifikation abhängt, an das Ergebnis an. Diese, mit Fachbegriff als rekursive Verbesserung oder Backward Propagation bezeichnete Strategie ist das, was das System eigentlich intelligent macht. Die Eigenschaft der Selbstverbesserung ist das, was einen Algorithmus selbstlernend macht.[9]

Um einen Algorithmus in seiner Zuverlässigkeit zu verbessern, unterzieht man diesen einem Training, welches aus dem Klassifizieren von Beispielbildern besteht. Der Trainingserfolg hängt dabei im Wesentlichen von der Auswahl der Daten, welche man für die Testläufe einsetzt, ab. So besteht die Möglichkeit, dass durch schlecht gemischte Bilddateien falsche Annahmen über die Klassifikationsparameter entstehen. So könnte zum Beispiel der real eingesetzte Algorithmus einen Hund als Katze einstufen, weil der Hund die gleiche Fellfarbe hat wie die Katze, welche im Training als Bildmaterial verwendet wurde. Derartige Fehler sind allerdings durch eine große Anzahl von Daten im Testlauf, eine bewusste Streuung der angegebenen Parameter und eine gezielte, manuelle Fehlersuche auszumerzen.

3.3 Neurale Netze – Neural Networking

Bei der Technik des Neural Networkings, welche auch zum Überbegriff der Künstlichen Intelligenz gezählt wird, wird versucht, den Erarbeitungsprozess einer Entscheidung im digitalen Bereich so nahe wie möglich an den im menschlichen Gehirn anzulehnen. Grob gesprochen wird im menschlichen Gehirn zur Speicherung von Information ein strukturell fluides Netz erstellt, welches einer Verschaltung verschiedener Gatter ähnelt.[10]

---

[9] Vgl: Lenzen, Manuela: Künstliche Intelligenz. C.H.Beck OHG, München 2018. (S.67 f.)
[10] Vgl: Lenzen, Manuela: Künstliche Intelligenz. C.H.Beck OHG, München 2018. (S.52 f.)

Um zu verstehen wie man Entscheidungsfindung, Kategorisierung und Klassifikation mit neuralen Netzen im digitalen Bereich realisiert, ist es von unumgänglicher Bedeutung, die Abläufe im menschlichen Gehirn zu verstehen. Zur Veranschaulichung ist das Konzept des Logikgatters geeignet. Bei einem solchen handelt es sich um einen mechanischen, elektrischen oder digitalen Agenten, welcher zur Ausführung eines bestimmten Ablaufes eine Kombination verschiedener Umstände verlangt. So kann ein Gatter, welches zwei Eingänge und einen Ausgang hat zum Beispiel nur dann ein Signal an seinem Ausgang abgeben, wenn einer oder keiner der Eingänge ein Signal erkennt.

Unser Gehirn besteht vereinfacht betrachtet aus Neuronen und Versorgungsstrukturen. Um einen Reiz, der im Vergleich mit dem digitalen System als binärer Eingang zu verstehen ist, zu verarbeiten und zu einem Ausgang zu gelangen, werden die Neuronen unseres Telencephalon angeregt.[11] Wird ein Neuron über mehrere Eingänge angeregt, die einer zuvor erlernten Information entsprechen, gibt das Neuron ein Signal an eine bestimmte Synapse ab. Dem Umstand, dass diese Abläufe nicht willkürlich geschehen, haben wir zu verdanken, dass wir lernen, verstehen, kommunizieren und Gelerntes reproduzieren können. Denn Neuronen und Synapsen sind eine physische Form des Speichers und können neu geschaffen als auch verändert werden. Ihre Funktion ist mit der eines Gatters, also einem Teil eines Schaltkreises, zu vergleichen. Diese Vergleichbarkeit bietet nicht nur die Möglichkeit einzelne Vorgänge nachzubauen oder durch Modelle zu veranschaulichen, sie bietet auch eine Analogie zur bekannten „If"-Funktion, welche das Erscheinungsbild der meisten Programmierumgebungen und Sprachen wesentlich prägt. Die If-Funktion weist, kongruent zum Neuron, einer Voraussetzung eine Konsequenz zu. Dies lässt sich an einem einfachen Beispiel in der C++ nahen IDE (Integrated Development Environment) von Arduino erklären:

---

[11] Vgl: https://de.wikipedia.org/wiki/Gehirn (Zugriff 22.01.2019)

```
void setup() {
  // put your setup code here, to run once:
pinMode(2,INPUT);
pinMode(7,OUTPUT);
pinMode(4,OUTPUT);
}

void loop() {
  // put your main code here, to run repeatedly:
  digitalRead(2);
if(2,HIGH){
  digitalWrite(4,HIGH);
  }
  if(2,LOW){
digitalWrite(4,LOW);
  }
}
```

Abbildung 5 Neuron Stimulus[12]

Wie in Abbildung 4 verdeutlicht wird, kann ein Programm, welches von Menschen gespeist wird, eine Zuweisung von Information vornehmen und bildet somit eine Entität in der Berechnung beziehungsweise der systematischen Zuordnung zur Findung von Entscheidungen, was wiederum die Basis des menschlichen Bewusstseins bildet.

Diese Erkenntnis bildet den Grundstock, auf dem der gesamte Erfolg der neuralen Netzwerke ruht. Die Überzeugung, eine Kleinsteinheit unseres Gehirns funktionell nachgebaut zu haben und diese mit der besonderen Eigenschaft, auf digitale Rechenleistung als Basis zurückzugreifen, ausgestattet zu haben, hat das Bild von unserem Bewusstsein und sowohl die Einzigartigkeit als auch die Endgültigkeit dessen in Frage gestellt, was bis heute als selbstverständlich galt- die evolutionäre Vormacht des Menschen.[13]

---

[12] Erstellt mit Arduino™
[13] Vgl: Tegmark, Max: Leben 3.0: Mensch sein im Zeitalter der Künstlichen Intelligenz. Auflage 2. Ullstein Buchverlag Berlin 2017. (S. 109 f.)

Die Komplexität der, mit verschiedenen Gattertypen erzeugbaren Rechenoptionen, wird in den folgenden Abbildungen verdeutlicht. In der Abbildung wird die schrittweise Addition einer

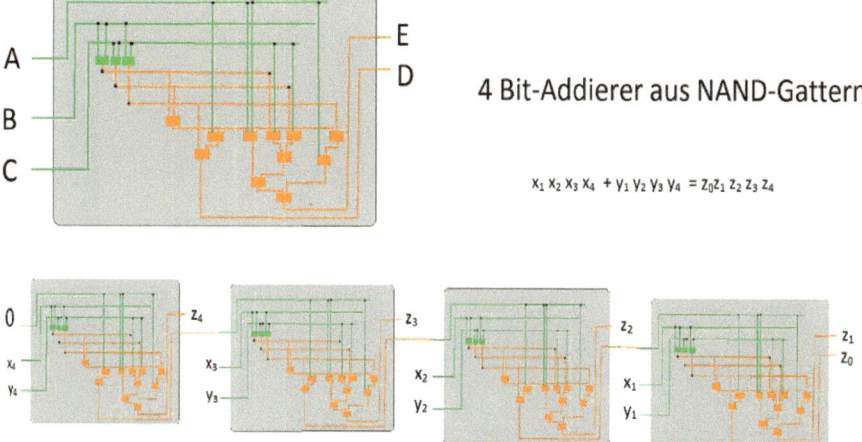

4 Bit-Addierer aus NAND-Gattern

$$x_1\, x_2\, x_3\, x_4 \;+\; y_1\, y_2\, y_3\, y_4 \;=\; z_0 z_1\, z_2\, z_3\, z_4$$

Abbildung 6 Addition mit NAND-Gattern

mehrstelligen Zahl mittels mehrerer NAND-Gatter gezeigt. Die Funktionsweise eines neuronalen Netzes ist durch verschiedene Schichten, welche jeweils aus parallel agierenden Neuronen bestehen, zu beschreiben. Diese, grundsätzlich in ihrer Anzahl nicht beschränkten Schichten, werden im Fachvokabular auch als Layer bezeichnet. Besagte Schichten lassen sich in ihren Interaktionstypen in drei Arten gliedern. Der erstgereihte Layer wird als Input-Layer bezeichnet und bringt die zu klassifizierende Information in das Format, welches das jeweilige System verlangt. Als Überbegriff für die, bis ausschließlich dem letzten Layer folgenden Anordnungen wird die Terminologie Hidden-Layer oder Working Part verwendet. In diesem Teil werden die Informationen gefiltert, sortiert und durch verschiedene Gewichtungen kategorisiert. Im letzten Abschnitt, dem Output-Layer liegt die Klassifizierung, also das Ergebnis und Ziel des Netzes vor. Dieses ist meistens noch encodiert und muss mittels eines weiteren Schrittes zu einem lesbaren Ergebnis überführt werden. [14]

---

[14] Vgl: Tegmark, Max: Leben 3.0: Mensch sein im Zeitalter der Künstlichen Intelligenz. Auflage 2. Ullstein Buchverlag Berlin 2017. (S. 109 f.)

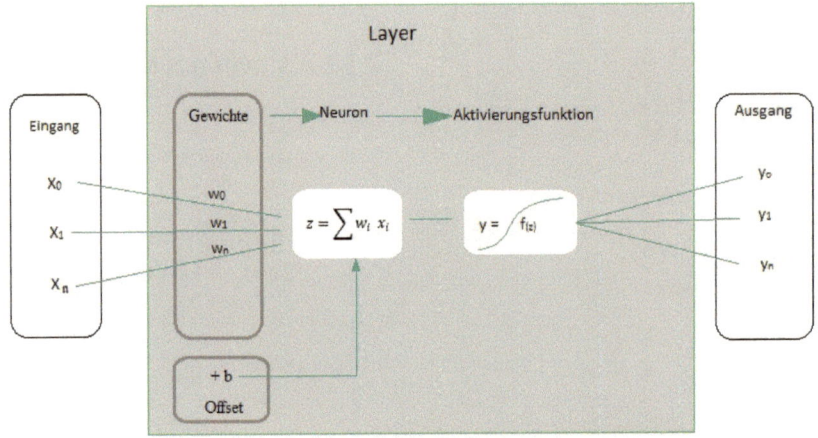

Abbildung 7 Netzfunktionalität

Die erste vertikale Spalte an Neuronen - also der Input-Layer – wird mit gemessenen Werten wie zum Beispiel den Helligkeitswerten verschiedener Pixel oder Voxel gefüllt. Zwischen Input-Layer und Hidden-Layer wird den einzelnen Verbindungen von Neuronen nun eine Gewichtung zugeteilt. Diese markiert im Beispiel der Bilderkennung den betrachteten Bildabschnitt. Die Werte der Gewichtung werden anschließend mit den jeweils auf den Verbindungen anliegenden Messwerten multipliziert, was in diesem Beispiel die Möglichkeit bietet, für alle nicht betrachteten Pixel den Gewichtungsfaktor gleich Null zu setzen, was endgültig und unabhängig von dem Ausgangswert einen Übertragungswert von Null ergibt und die unerwünschten Areale somit aus der Wertung entfernt.[15] Die Möglichkeit der separierten Bildbetrachtung führt im Weiteren zu der Vergleichbarkeit von Ausschnitten, welche die wichtigste Grundlage für Klassifikationen darstellt.[16]

---

[15] Vgl: http://www.neuronalesnetz.de/downloads/neuronalesnetz_de.pdf (Zugriff 07.02.2019)
[16] Vgl: http://www.cbcity.de/tutorial-neuronale-netze-einfach-erklaert (Zugriff 02.11.2018)

Der Wert, der sich aus der Berechnung der betrachteten Teilbereiche für ein Neuron ergibt, ist im Bereich der reellen Zahlen, kann jedoch in Spezialfällen auch als komplexe Zahl, multidimensionaler Vektor oder Matrix angefunden werden. Die Art der Werte, die innerhalb der Berechnung zur Verwendung kommen, hängt von der Natur der Eingangswerte und der Art der Verarbeitung ab. In vielschichtigen Hidden-Layern kann ein Wechsel des Zahlentypus stattfinden. Diese Eigenart ist aber nur dann als sinnvolle Entwicklung zu betrachten, wenn die Umwandlungsfunktion reversibel (eindeutig rückführbar) ist und die Wertpaare somit kommensurabel (gegeneinander vergleichbar) sind.

Um die Endwerte der Neuronen einer Zahl mit $0 > x < 1$ gleichzusetzten, wird mithilfe einer Funktion die Bandbreite der Zahlen des Rechenschrittes

$$V_{Neuron} = \sum_{k=1}^{i} v_{nk}\, w_{nk}$$

auf den Zahlenbereich zwischen einschließlich 0 und 1 komprimiert. Dies geschieht in den meisten Fällen mit einer sogenannten Sigmoid-Funktion.

3.4 Die Sigmoidfunktion

Funktionen wie $S_x = \frac{1}{1+e^{-x}}$ mit $x \in \mathbb{R}$ werden Sigmoidfunktionen genannt. Diese werden auch als Schwanenhalsfunktionen betitelt, da ihre Graphen an einen solchen erinnern. Sigmoide Funktionen sind begrenzte und differenzierbare reelle Funktionen, deren erste Ableitungen keine Schnittpunkte mit der X-Achse besitzen, also ausschließlich negativ oder positiv sind. Für sie gilt also $S' \in \{\mathbb{R}^+/0\} \vee \{\mathbb{R}^-/0\}$ Für das Komprimieren von Werten eignen sie sich besonders aufgrund ihres Ausgangs, welcher sich stets zwischen denselben Grenzen befindet an die sich der Funktionsgraph asymptotisch nähert.[17]

---

[17] Vgl: http://www.neuronalesnetz.de/aktivitaet.html (Zugriff 07.02.2019)

Gemäß dieser Definition erweisen sich jedoch auch Funktionen, die dem Vorhaben, Zahlenwerte auf genannten Bereich zu komprimieren nicht zuträglich, sind als Sigmoidfunktionen. [18]

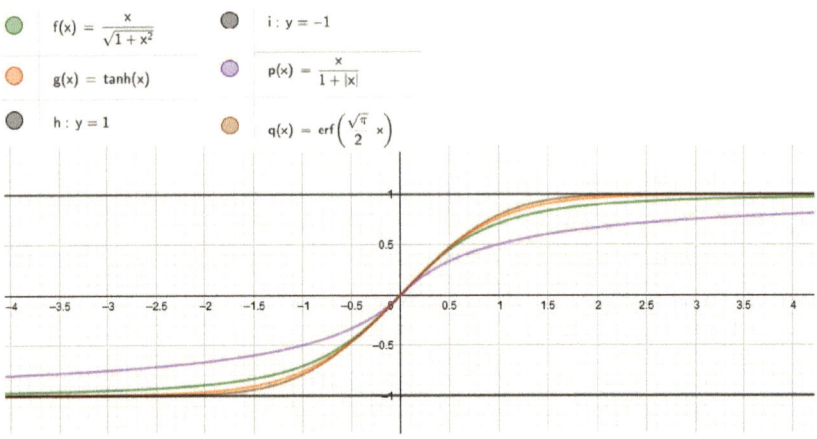

$$f(x) = \frac{x}{\sqrt{1 + x^2}} \qquad i : y = -1$$

$$g(x) = \tanh(x) \qquad p(x) = \frac{x}{1 + |x|}$$

$$h : y = 1 \qquad q(x) = \mathrm{erf}\left(\frac{\sqrt{\pi}}{2}\,x\right)$$

Abbildung 8 Graphen verschiedener Sigmoidfunktionen

Durch die Sigmoidfunktion $V``_{Neuron} = (v_{n1}w_{n1} + v_{n2}w_{n2} \dots v_{ni}w_{ni})$ kann der vorhergegangene Rechenschritt mit einem Sigmoid-Faktor $V`_{Neuron} = \sigma(v_{n1}w_{n1} + v_{n2}w_{n2} \dots v_{ni}w_{ni})$ $x \rightarrow$ f(x) mit $0 > f(x) < 1$

erweitert werden. Um der Funktion und somit dem Netz eine gewisse Hemmschwelle, also einen Wert, den die eigentliche Funktion übersteigen muss, damit das Neuron überhaupt aktiv beziehungsweise in seinem Wert positiv wird, zu geben, wird jedem Neuron ein sogenanntes Offset hinzugefügt. Dies ist eine negative Zahl, b, die in dem Klammerausdruck, welcher von der sigmoiden Funktion komprimiert wird, als Summand erscheint. Daraus ergibt sich:

$$V_{Neuron} = \sigma(v_{n1}w_{n1} + v_{n2}w_{n2} \dots v_{ni}w_{ni} + b)$$

Der Wert V_{Neuron} wird für jedes Neuron eines neuralen Netzes berechnet. Auch wenn sich der logische Zusammenhang der Geltungsbereiche bereits in der zweiten Schicht des Hidden-

---

[18] Vgl: https://de.wikipedia.org/wiki/Sigmoidfunktion#/media/File:Gjl-t(x).svg (Zugriff 02.01.2019)

Layer nicht mehr zeitnahe erfassen lässt, ist es theoretisch möglich, einer jeden solchen Funktion aus den Elementen $v_{n1}w_{n1}$ bis $v_{ni}w_{ni}$ zu entnehmen, wofür das Neuron feuert und dem Teil b, welcher Mindestwert erwartet wird, also wie sensibel das Netz auf diesen Reiz reagieren soll.[19]

4. Anwendungsbeispiele in verschiedenen Marktspalten

Während das öffentliche Interesse an Künstlicher Intelligenz größtenteils auf dramatisierte Darstellungen in Medien und Science-Fiction liegt, ist das stetig wachsende Interesse an der Entwicklung von Künstlicher Intelligenz und der Vermarktung der Ergebnisse auf der Hoffnung basiert, durch die Forschung eine revolutionsartige Veränderung in der Wirtschaft, aber auch im Privatleben eines jeden hervorzubringen. In diesem Bestreben werden regelmäßig gewaltige Summen in die Forschung gesteckt und themenaffine Wissenschaftler sind heiß begehrt. Dass eine umbruchartige Marktveränderung und eine starke Verdichtung in Finanzverteilung, sei es bis heute auch meist im Investmentbereich, nicht nur positive Seiten hat, sondern akute Gefahren und sowohl soziale als auch ethische Fragen aufwirft, ist aktuell offensichtlich.

4.1 Wirtschaftliches Interesse und Wettbewerbsdissonanzen

Das aktuell enorme wirtschaftliche Interesse an Künstlicher Intelligenz ist durch mehrere treibende Faktoren geprägt. Auf der einen Seite steht die Innovation hinter der Sache an sich. Am freien Markt sind vorteilhafte Technologien in allen Sparten gefragt und hier überzeugt KI im Vergleich zu herkömmlichen Rechenmodellen durch Effizienz und Leistungsstärke. Die Aussage, KI sei den vorherrschenden Methoden in allen Leistungssegmenten überlegen, ist jedoch zurzeit nur im Bezug auf ihr Potenzial richtig.

Als weiterer treibender Faktor für einen derartigen Investmentschub sind die Möglichkeiten zu listen, welche KI in den letzten Jahren aufgeworfen hat. Praktische Operationen wie die Bilderkennung in verschiedenen Dimensionen, Fähigkeiten wie Zielausrichtung und autonome

---

[19] Vgl: Schäffner, Clemens: Analyse und Synthese neuronaler Regelungsverfahren. München : Utz, Wiss., 1996. (S 7 f.)

Entscheidungskraft haben dazu geführt, dass sich das neuartige Konzept der Informationenverarbeitung gegenüber der althergebrachten Variante langsam aber sicher durchsetzt. Ein anderer, sehr entscheidender Grund für die positive Förderbilanz ist das sich verändernde Anspruchsverhalten der Endverbraucher.

Während vor rund zehn Jahren ein Mobiltelefon, welches mit Tasten bedient wurde an sich eine kleine Sensation war, hat sich bis zum heutige Tag der Anspruch an die Technik exponentiell erhöht. Produkte, welche der Marktspalte der personenbezogenen Technik zuzuordnen sind, werden aktuell dem Anspruch unterstellt, in ihrer Schnittstelle zum Menschen, dem sogenannten Interface, dem Menschen und somit humanoid prozessierenden System, möglichst wenig Transkriptionsaufwand zu bereiten. Als Transkriptionsaufwand oder auch Compilingprocess wird jene Arbeit bezeichnet, welche nötig ist, um Informationen zwischen verschieden arbeitenden Systemen zu übersetzen. Als Beleg für diese These dient die, sich weltweit etablierende Sprachsteuerung von diversen Geräten und eine weiterreichende, linguistische Interaktionsmöglichkeit mit Systemen, welche in erster Linie den Alltag erleichtern sollen.

Als direktes Beispiel ist Amazons „Echo Dot" zu nennen. Dabei handelt es sich um einen Lautsprecher, welcher interaktiv auf seine Umgebung reagieren und Sprachbefehle annehmen kann.[20] Eigenschaften wie diese erlauben es moderner Technologie, sich in das alltägliche Leben einer breiten Masse einzubinden und dieses markant zu beeinflussen.

---

[20] https://www.amazon.de/Echo-Dot-Intelligenter-Lautsprecher-Alexa/dp/B0792HCFTG/ref=sr_1_1?ie=UTF8&qid=1545409958&sr=8-1&keywords=echo+dot (Zugriff am 21.12.2018)

4.2 Das Mooresche Gesetz

Der letzte Teilaspekt der Begründung des Interesses der Wirtschaft an Künstlicher Intelligenz ist die voraussichtliche Entwicklung der Rechenkapazität in der Zukunft. Die Hoffnung, Maschinen zu erschaffen, welche dem Menschen besonders ähnlich sind, beruht zu großen Teilen auf der Annahme, dass das sogenannte Mooresche Gesetz, welches prognostiziert, dass sich die Komplexität integrierter Schaltkreise und somit die jeweilige Rechenleistung alle 12 bis 24 Monate verdoppelt, seine, die letzten 40 Jahren bewiesene Wahrheit, behält. [21]

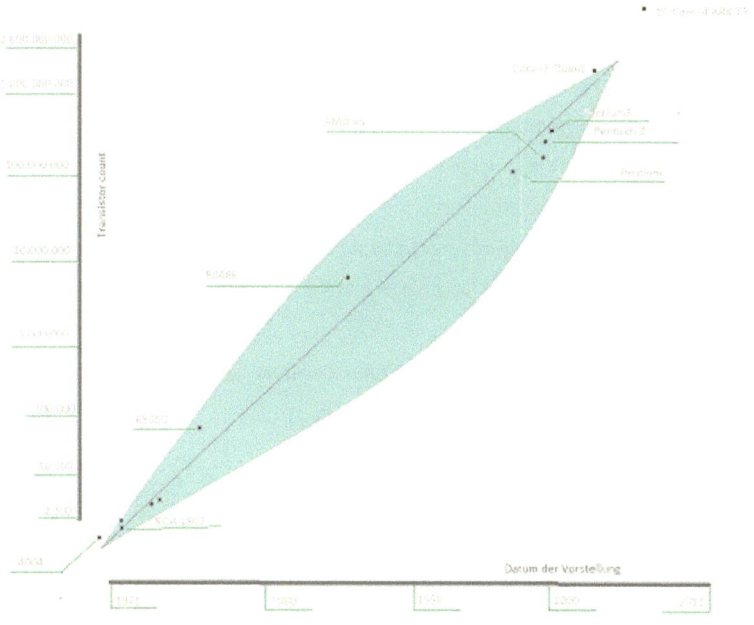

Abbildung 9 Moors Law „Transistorcounts per 1000 Dollar"

---

[21] https://hasler.ece.gatech.edu/Published_papers/Technology_overview/gordon_moore_1965_article.pdf
(Zugriff am 31.01.2019)

Wie in Abbildung neun zu erkennen ist, verdoppelt sich die Anzahl der Transistoren ungefähr alle 2 Jahre. Von diesem Fortschritt hängt jedoch nicht nur die Erwartungshaltung an die KI ab, sondern auch die Stabilität unseres Wirtschaftssystems.

In Bezug auf die KI ist zu betonen, dass zur Verarbeitung komplexer Datensätze enorme Rechenkapazitäten vonnöten sind. Im Umkehrschluss bedeutet dies, dass sich die Möglichkeiten der KI mit fortlaufender Zeit erweitern. Aktuell werden jedoch zahlreiche Stimmen aus Wissenschaftskreisen laut, welche, wie der Autor Max Tegmark, darauf hinweisen, dass ein Zusammenbruch dieses Gesetzes katastrophale Folgeszenarien für die Menschheit nach sich zieht.

Die berechtigte Annahme einer solchen Gefahr basiert auf dem Wissen, dass integrierte Schaltkreise nicht unendlich verkleinert werden können. Eine gewisse Größe ist nötig um Quanteneffekte, welche die Rechenvalidität stören, mathematisch auszuschließen. Der Grund für die lange Gültigkeit des Mooreschen Gesetzes ist die immer fortlaufende Verkleinerung von Transistoreinheiten und somit integrierten Schaltkreisen[22]. Aktuell versucht man diese Barriere zu umgehen, indem man zur Informationsverarbeitung physische Rechensysteme verwendet, welche sich genau jene, ursprünglich störenden Effekte, zunutze machen. Das Quantencomputing, welches als binäre Entität Quanten, also Energiezustände verwendet, wird derzeit als die Zukunft des Mooreschen Gesetzes gehandelt. Die tatsächliche Einsatzfähigkeit bleibt aber derzeit in Fachkreisen spekulativ.

4.3 Künstliche Intelligenz in der Medizin

Auch wenn das Anwendungsgebiet der Medizin für die KI angesichts der Modernisierung und Digitalisierung unüberschaubar groß ist, werden im Folgenden einige maßgebliche Anwendungen und zukünftige Verwendungsbereiche beleuchtet und vorgestellt.

---

[22] Vgl: Tegmark, Max: Leben 3.0: Mensch sein im Zeitalter der Künstlichen Intelligenz. Auflage 2. Ullstein Buchverlag Berlin 2017. (S. 106 f.)

Seit dem frühen Beginn der Globalisierung hat nicht nur der Handel an Volumen und Zentralisierung gewonnen, auch die Massen an Veröffentlichungen und wissenschaftlichen Publikationen hat sich exponentiell gesteigert. Heute ist es selbst für stark spezialisierte Mediziner nicht mehr möglich, einen allumfassenden Überblick über das internationale Geschehen in ihrem Fachgebiet zu bekommen. Es besteht schlicht keine realistische Chance, alle relevanten Studien, Artikel und andere Arbeiten zu einem Thema zu lesen oder zu kennen. An der Lösung dieses Problems arbeiten seit den 70er Jahren Informatiker mit verschiedensten Forschungsansätzen. Der vielversprechendste Lösungsansatz scheint dem heutigen Stand entsprechend eine Datenbank zu sein, welche mittels eines neuralen Netzes alle relevanten Informationen zu einem gewünschten Thema findet. Dieses bereits in teilweisem Betrieb befindliche System, macht sich nicht nur den Umstand zunutze, dass man Textstellen durch Suche nach Wortabfolgen und Fachbegriffen filtern kann, es nutzt einen sinnerfassenden Komplex, welcher nahezu menschenähnlich Texte und Grafiken auswertet und sie Themengebieten zuordnet.

Dies reduziert zwar nicht die Flut an Informationen, welche zweifelsohne existiert, das System bietet aber den Vorteil, Daten in Sekundenschnelle nach spezifischer Themenrelevanz zu klassifizieren und somit das virtuelle Lesen einer enormen Datenmenge zu ermöglichen. Der entscheidende Vorteil dem Menschen gegenüber wird dabei von der hohen Verarbeitungsgeschwindigkeit geboten. Ein Arzt müsste jeden Artikel lesen, um überhaupt entscheiden zu können, ob die Informationen, welche jener bietet, für ihn relevant sind. Das kostet auf der einen Seite Zeit und ist heutzutage auf der anderen Seite überholt.[23]

Doch die Filterung von Daten ist nicht nur in besagter Auslebung wichtig. Bildgebende Verfahren, welche zur Erkennung von Krebs verwendet werden, liefern in vollständiger Anwendung zwischen 900 und 2000 Bilder, welche einzeln gesichtet und verglichen werden müssen. Das ist nicht nur zeitaufwendig, sondern unterliegt bei menschlicher Durchführung einer enormen Fehleranfälligkeit, welche, speziell in der Krebsfrühdiagnostik, fatale Folgen mit sich bringen kann. Auch hier werden lange Bearbeitungszeiten und hohe Fehlerquoten mittels Einsatz Künstlicher Intelligenz umgangen.

---

[23]Vgl: Lenzen, Manuela: Künstliche Intelligenz. C.H.Beck OHG, München 2018. (S.154 f.)

Auch andere Bereiche der Radiologie profitieren von Künstlicher Intelligenz. Ein Team der Stanford University, welches sich auf das Training neuraler Netze spezialisiert hat, trainierte 2018 einen Algorithmus, welcher bei der Erkennung diverser Erkrankungen bei der Auswertung von Röntgen- Thorax-Aufnahmen helfen soll. Das „CheXNet " getaufte Programm wurde mit 100 000 annotierten Röntgen-Thorax-Aufnahmen aus einem verifizierten Datensatz der NIH, einer Arbeitsgruppe der NCBI (National Center for Biotechnology Information) trainiert. Nach dem ersten Trainingslauf lag die Trefferquote bei 10 von 14. Dieses Ergebnis war das beste, welches die Entwickler bis zum damaligen Zeitpunkt erwirtschaftet hatten. Nach vier Wochen weiteren Trainings lag die Trefferquote bei 100 Prozent.

Ein wesentlicher Vorteil von KI-Auswertungen ist nicht nur, dass sie im Bereich der Medizin hohe Treffsicherheiten aufweisen. Neurale Netze und Deep-learning-Prozesse können angewandt auf bildgebende Verfahrensweisen auch Wertmatrizen auswerten. In diesem Punkt sind sie dem Menschen besonders weit voraus, da die Assoziation vieler Datenstränge und das Isolieren eines Störfaktors die menschlichen Kapazitäten meist übersteigt. Auf diese Weise können verschiedenste Messeingänge gemeinsam interpretiert und prozessiert werden und so im Speziellen akut auftretende Problematiken wie Herzanfälle, Kammerflimmern, Herzrhythmusstörungen und Schlaganfälle genau analysiert werden. [24]

---

[24] Vgl: https://e-health-com.de/thema-der-woche/radiologie-ki/6606357637317e0ef6487f042a0e726d/ (Zugriff am 22.12.2018)

4.4 Künstliche Intelligenz am Finanzmarkt

Überall dort wo Geschwindigkeit und Präzision gefragt sind, hat die Technik der heutigen Zeit den Menschen weitestgehend abgelöst. So verhält sich die aktuelle Situation auch in der Geldwirtschaft. Eines der aufgrund des hohen Finanzvolumens, welches dieser Markt bereithält, förderungsreichsten Teilgebiete der alltäglichen Verwendung von KI ist der Handel mit Wertpapieren und Derivaten. Zu bemerken ist, dass bis zum heutigen Tag Algorithmen nicht vollwertig über Investitionen in Firmenabhängigkeit entscheiden, da dies oft auf menschlichen Werten wie Personalkenntnissen und dem berüchtigten Bauchgefühl beruhen.

Im Bankwesen wird KI beispielsweise zur Abschätzung von Rückzahlungsausfällen verwendet. Zu diesem Zweck kommt meist eine Deep-learning-Struktur zum Einsatz, welche durch frei gewählte Parameter über den vorgeschlagenen Zinssatz oder eine Kreditverweigerung entscheidet. Speziell dieser Verwendungsbereich beginnt im heutigen Alltag moralische Fragen aufzuwerfen. So enthüllte die Untersuchung der zweiten und dritten Layerschicht eines Algorithmus, welcher eine solche Klassifikationsaufgabe für eine amerikanische Bank übernehmen sollte, dass dieses Personen mit Migrationshintergrund beziehungsweise dunkler Hautfärbung eine schlechtere Rückzahlungsbilanz attestierte.[25]

Die Überlegung, Algorithmen müssen doch unvoreingenommen sein und sich durch Einflüsse wie beispielsweise familiäre Probleme nicht wie Menschen beeinflussen lassen, trifft leider selbst bei einfacher Beweisführung auf drastische Schwierigkeiten. Denn nach dem heutigen Stand des Fortschrittes in diesem Sektor beruhen alle Entscheidungen oder Entscheidungshilfen, welche ein KI Algorithmus anbieten kann auf den Daten, mit denen er trainiert wurde. Die meisten Algorithmen werden nicht mit einer umfassenden und verifizierten beziehungsweise qualitätsgeprüften Datenmenge trainiert, was dazu führt, dass leicht Stereotypen auftreten und dem Einzelnen sein Recht auf eine objektive Beurteilung verwehren. Im Weiteren sind alle Klassifikationsprozesse, sowohl was ihren Input als auch

---

[25] Vgl: Lenzen, Manuela: Künstliche Intelligenz. C.H.Beck OHG, München 2018. (S.169 f.)

ihren Output betrifft, limitiert, was die Ausgabe eines umfassenden Urteils unmöglich macht.[26]

Im Wertpapierhandel werden Algorithmen verschiedener KI-Arbeitsfelder verwendet, um Aktien und andere Wertpapiere zum geeignetsten Zeitpunkt anzukaufen und zu verkaufen. In diesem Sektor ist ein digitaler Komplex dem Menschen überlegen, da er sowohl Tag und Nacht arbeiten, als auch mehrdimensional analysieren kann. So können vorab definierte Parameter ununterbrochen überwacht und mit Kursschwankungen in Verbindung gebracht werden. Ähnlich fungiert die KI auch im Hochfrequenzhandel. Hier errechnen Programme in minimaler Zeit Verkaufsstrategien. Der klare Vorteil gegenüber dem Menschen lässt sich hier am besten am Beispiel des Finanzsektors Zwischenwährungshandel erläutern. Hier wird Gewinn erzielt, indem ein gewisses Finanzvolumen kursgerecht in verschiedene Währungen konvertiert wird. Der große Vorteil der KI liegt bei der überlegenen Rechenkapazität und Erfassungsleistung. So kann ein KI-System eine Mehrfachkonvertierung über mehrere Währungen, welche einen, wenn auch nur minimal höheren Gewinn erzielt als ein Einzelumtausch, innerhalb von Sekunden berechnen und durchführen. Auch hier spielt die Möglichkeit, ein System ununterbrochen arbeiten zu lassen eine große Rolle, da Währungen ohne fixierten Zinsverlauf oft auf Werteinheiten im Staatswesen beruhen, welche äußerst sprunghaft sind.

Eine weitere Anwendung finden KI-Systeme im Mining verschiedener blockchain-basierter Kryptowährungen wie Bitcoin, Litecoin und Ethereum. Das System, nach welchem jene arbeiten ist auf eine Verkettung sogenannter Blocks gestützt. Dabei enthält jeder dieser Blocks die Information des vorherigen und eine zusätzliche. Dieses Prinzip delokalisiert die Arbeitsweise und macht die Technik für den Einsatz bei Kryptowährungen so interesssant. Hier gilt im Übertragungssystem der Blockchain das Proof of Work-Prinzip. Dabei muss für jeden neuen Block ein sogenannter Hash berechnet werden. Dies geschieht über das Lösen einer enorm komplexen Rechenaufgabe. Derjenige, der diese mittels seiner bereitgestellten Rechenleistung löst, wird mit einem bestimmten Wert belohnt.

---

[26] Lenzen, Manuela: Künstliche Intelligenz. C.H.Beck OHG, München 2018. (Seite 172 f.)

Dieses Prinzip nennt man Mining und aktuell werden dazu meist private Rechenzentren mit modifizierten Grafikkarten verwendet, da diese eine sehr gute Grundlage für derartige Rechenoperationen bieten. Diesen Umweg geht man bei der Transaktion mittels Blockchain bewusst, um einerseits das Peer to Peer-Prinzip zu wahren und andererseits die Rendite bei Betrugsversuchen gering zu halten. [27]

Der Einsatz virtueller Klienten an der Börse bietet jedoch große Risiken. So birgt die Ähnlichkeit, welche mit den identen Trainingsdatensätzen der Algorithmen einhergeht, die Gefahr eines simultanen Versagens. Ein solches Versagen kann, abhängig von dem betroffenen Volumen, eine Wirtschaftskrise auslösen oder anderwertige schwere Folgen haben. [28]

4.5 Künstliche Intelligenz in militärischer Verwendung

Seien es autonome Erkundungsfahrten, teilautonome Bewaffnung oder Sanitätssysteme, welche auf menschliches Mitwirken verzichten, Künstliche Intelligenz findet im Militär einen vergleichsuchend hohen Andrang. Der Möglichkeitshorizont erstreckt sich dabei von teilautonomen Waffensystemen, welche Gefahrensituationen eigenständig erkennen, Ziele klassifizieren und nur der Durchführungsbestätigen eines Menschen verlangen, bis zu Cyberkriegsführung und bewusster Falschinformation, welche durchaus strategische Relevanz hat.

Zeitnahe Entwicklungen, welche öffentlich bestätigt sind, gibt es im militärischen Bereich wenige. Eine Innovation, welche diesen Kriterien unterliegt ist PERDIX, ein Swarmbotsystem, welches dezentralisiert und autonom Entscheidungen über Arbeitsabläufe trifft. Swarmbots sind Roboter, welche in ihrer Interaktion natürlichen Schwärmen wie zum Beispiel denen von Bienen nachgeahmt sind. Sie agieren dabei immer zusammen und suchen Lösungswege

---

[27] Vgl: Etkov, Sergej: Blockchain für Anfänger. Auflage1. Bitcoin-Elite 2017. (Seite 27 f.)
[28] Kaku, Michio: Die Physik der Zukunft: Unser Leben in hundert Jahren. Auflage 7. Rowohlt Taschenbuch Verlag Reinbeck bei Hamburg 2013. (Seite 146 f.)

aufgrund ihrer hohen Anzahl durch Testen verschiedener Methoden. Das System wurde schon im Oktober 2016 vom US Verteidigungsministerium getestet.[29]

Ein weiteres Konzept, welches mit KI arbeitet, ist Iron Dome. Das von Israel eingesetzte Raketenabwehrsystem erkennt und bekämpft Flugkörper, indem es automatisch Flugbahn und Geschwindigkeit der Rakete berechnet.[30]

Mit bilderkennender KI ist es auch dem britischen System „Brimstone" möglich, Panzer in einem bestimmten Umkreis eigenständig zu erkennen und zu bekämpfen.

Auch das System „HARM" arbeitet mit mehrdimensionaler Bilderkennung und kann mittels KI Radarstationen ausmachen und zerstören. Während HARM nur über eine Reichweite von 50 km verfügt, besitzt das funktionsgleiche System „Harpy" über eine gewaltige Reichweite von 300 km und gilt damit als Langstreckenkampfmittel.

Diese Arbeit soll, trotz der Brisanz dieses Themas, das Thema der Kampfmittelausstattung mit KI nur streifen, da eine wahrheitsgemäße Informationsaufbereitung angesichts der hohen Geheimhaltung der aktuellen Forschung als auch der Falschinformationen hinsichtlich des Forschungsfortschrittes unrealistisch ist.

Im Detail sollen aber die Bedenken geäußert werden, welche international von zivilen Wissenschaftlern bekanntgegeben werden.

2013 wurde die „Campain to Stop Killer Robots", welche aktuell aus über 60 Nicht-Regierungs-Organisationen besteht, von NGOs (regierungsfremde Organisationen) wie Human Rights Watch gegründet. Diese hat zum Ziel ein Verbot autonomisierter Waffen zu erwirken.

Bereits 2003 wurde das „Committee for Robot Arms" gegründet. Dieses befasst sich mit der Schaffung rechtlicher Grundlagen für den militärischen Einsatz teilautonomer Waffen.

---

[29]Vgl: Lenzen, Manuela: Künstliche Intelligenz. C.H.Beck OHG, München 2018. (Seite 216)
[30]Vgl: Lenzen, Manuela: Künstliche Intelligenz. C.H.Beck OHG, München 2018. (Seite 214)

Auf Ebene der Vereinten Nationen wird im Rahmen der UN-Waffenkonvention bereits (CCW: Convention on Certain Conventional Weapons) seit Längerem über autonome Waffen gesprochen. Diese Institution hat auch bereits Verbote für Streumunition sowie biochemische und chemische Kampfmittel erwirkt.[31]

Ein Team namens FLI (Future of Life Institute) rund um den Wissenschaftsautor Max Tegmark organisierte im Jänner 2017 eine Konferenz zum Thema Sicherheit im Bereich der KI.

Anwesend waren große Persönlichkeiten der Branche wie zum Beispiel *Larry Page* (CEO, Alphabet Inc.), *Elon Musk* (Open AI, Tesla, SpaceX, Paypal). Ziel dieses Zusammentreffens war es, Aufmerksamkeit beim Thema KI-Sicherheit in Fachkreisen zu erreichen. Ausformuliert wurden diese Ziele in einer Liste von Statuten, welche anschließend von 1273 KI/Robotik-Forschern und 2541 weiteren Personen unterzeichnet wurde.[32]

Folgende Liste entspricht der Originalabfolge der Statuten in den Aufzeichnungen von Asilomar.

„1) Forschungsziel: Das Ziel von KI-Forschung sollte lauten, nicht ungesteuerte, sondern nutzbringende Intelligenz zu erschaffen.

2) Forschungsgelder: Investitionen in KI sollten von Forschungsförderung begleitet werden, die ihre nutzbringende Anwendung sichert und heikle Fragen auf den Gebieten der Computerwissenschaft, Wirtschaft, Rechtswissenschaft, Ethik und Sozialwissenschaft beantwortet, wie zum Beispiel:

Wie können wir zukünftige KI-Systeme so stabilisieren, dass sie tun, was wir wollen, ohne dass sie versagen oder gehackt werden?

---

[31]Vgl: Lenzen, Manuela: Künstliche Intelligenz. C.H.Beck OHG, München 2018. (Seite 217)
[32] Tegmark, Max: Leben 3.0: Mensch sein im Zeitalter der Künstlichen Intelligenz. Auflage 2. Ullstein Buchverlag Berlin 2017. (Seite 289)

Wie können wir unseren Wohlstand durch Automation vergrößern und dabei unser Ressourcen und Zielsetzungen beibehalten?

Wie können wir unser Rechtssystem fairer und effizienter gestalten, sodass es mit der KI-Entwicklung Schritt halten und die Risiken handhaben kann, die mit der KI einhergehen?

Mit welchem Wertesystem sollen KIs ausgestattet werden und wie soll ihr rechtlicher und ethischer Status aussehen?

3) Verbindung zwischen Wissenschaft und Politik: Es sollte einen konstruktiven und soliden Austausch zwischen KI-Forschern und Entscheidungsträgern geben.

4) Forschungskultur: Unter den KI-Forschern und -Entwicklern sollte eine Kultur der Kooperation, des Vertrauens und der Transparenz herrschen.

5) Vermeidung eines Wettlaufs: Teams, die an KI-Systemen arbeiten, sollten aktiv kooperieren, um Tricksereien an den Sicherheitsstandards zu vermeiden.

Ethik und Werte

6) Sicherheit: KI-Systeme sollten während ihrer gesamten Funktionszeit sicher, geschützt und folglich überprüfbar sein, sofern geeignet und umsetzbar.

7) Transparenz bei Fehlfunktionen: Falls ein KI-System Schaden verursacht, sollte es möglich sein den Grund zu ermitteln.

8) Juristische Transparenz: Bei der Einbindung autonomer Systeme in jegliche entscheidungsfindenden Prozesse der Rechtsprechung sollten diese Prozesse nachvollziehbar und von einer kompetenten menschlichen Autorität überprüfbar sein.

9) Verantwortlichkeit: Entwickler und Ingenieure von fortgeschrittenen KIs sollten an den moralischen Auswirkungen der Anwendung, des Missbrauchs und der Handlungen ihrer Maschinen interessiert sein. Sie haben die Verantwortung und die Chance, diese Auswirkungen zu gestalten.

10) Angleichung der Werte: Stark autonome KI-Systeme sollten so entwickelt werden, dass sie mit den idealen menschlicher Würde, Rechte und Freiheiten sowie kultureller Vielfalt vereinbar sind.

11) Menschliche Werte: KI-Systeme sollten so entwickelt und bedient werden, dass sie mit den Idealen der Menschenwürde, Menschenrechten, Freiheiten und kultureller Vielfalt kompatibel sind.

12) Privatsphäre: Menschen sollten angesichts der Kompetenz von KI-Systemen, Daten zu analysieren und zu nutzen, das Recht haben, die Daten, die sie selbst erzeugen, auch einzusehen, zu handhaben und zu kontrollieren.

13) Freiheit und Privatsphäre: Der Einsatz von KI bei der Verarbeitung personenbezogener Daten darf die wirkliche oder vermeintliche Freiheit der Menschen nicht nicht unverhältnismäßig einschränken.

14) Gemeinschaftlicher Nutzen: KI-Technologien sollten so vielen Menschen wie möglich dienen und nutzen.

15) Geteilter Wohlstand: Der von KI geschaffene wirtschaftliche Wohlstand sollte großzügig geteilt werden, damit die ganze Menschheit profitieren kann.

16) Menschliche Kontrolle: Menschen sollten wählen können, wie und ob sie Entscheidungen an KI Systeme delegieren sollten, um von Menschen beschlossene Zielvorstellungen zu erreichen.

17) Kein Umsturz: Die aus der Kontrolle hochentwickelter KI resultierende Macht sollte die sozialen und bürgerlichen Prozesse, von denen die Gesundheit der Menschheit abhängt, respektieren und verbessern, statt sie zu unterwandern.

18) KI-Wettrüsten: Ein Rüstungswettlauf tödlicher autonomer Waffen sollte vermieden werden.

Längerfristige Probleme

19) Vorsicht bei der Leistungsfähigkeit: Da es hier keinen Konsens gibt, sollten wir extreme Mutmaßungen über die oberen Grenzen künftiger KI Kompetenzen vermeiden.

20) Tragweite: Fortgeschrittene KI könnte einen tiefgreifenden Wandel in der Geschichte des Lebens auf der Erde bewirken und sollte deshalb mit angemessener Sorgfalt und entsprechenden Ressourcen geplant und gehandhabt werden.

21) Risiken: Besonders, wenn es um existenzielle oder katastrophale Risiken geht, die von KIs ausgehen, müssen Planung und Entschärfungsmaßnahmen entsprechend dem zu erwartenden Ausmaß getroffen werden.

22) Rekursive Selbstverbesserung: KI-Systeme, die entwickelt wurden, sich selbst rekursiv zu verbessern oder zu duplizieren, sodass eine rasante Qualitäts- oder Quantitätssteigerung zu erwarten ist, müssen strengen Sicherheits- und Kontrollmaßnahmen unterliegen.

23) Allgemeinwohl: Superintelligenz sollte nur im Dienst weithin geteilter ethischer Inhalte entwickelt werden und zum Nutzen der ganzen Menschheit da sein, anstatt ausschließlich einem Staat oder einer Einzelorganisation zu dienen. "[33]

---

[33] Tegmark, Max: Leben 3.0: Mensch sein im Zeitalter der Künstlichen Intelligenz. Auflage 2. Ullstein Buchverlag Berlin 2017. (Seite 489 f.)

5. Bedenken und Gefahren in Verbindung mit Künstlicher Intelligenz

Ein Thema, welches eine solche Komplexität wie jenes der KI aufweist, ist als Innovation nicht nur mit positiven Aussichten und Visionen zu bejubeln. Dies ist besonders dann zu bemerken, wenn der mit dem Thema verbundene Fortschritt größtenteils in den Händen der Wirtschaft liegt. Wie einige Beispiele aus vergangener Zeit belegen, haben der Markt und seine Trägerentitäten meist nicht allgemeines Wohl und eine finanzielle Umverteilung im Sinn.

5.1 Finanzielle Verteilung und Veränderung von Finanzströmen

Irving J. Good hatte bereits 1965 die Ausmaße Künstlicher Intelligenz auf unser Leben erkannt und sie als die letzte Erfindung benannt, welche die Menschheit je machen müsse. Diese Aussage bindet er jedoch an die Bedingung, dass wir Menschen für das positive Eintreten dieses Falles die superintelligente Maschine, wie er sie nannte, unter Kontrolle bringen müssten.[34]

Der heutige Stand der Technik wirft zusätzlich zu der Bedingung von *Irving J. Good* eine andere Frage auf, welche die Erfüllung des Absatzes 23 aus den Statuten von Asilomar, welche besagt, dass neuerworbenes Potential zum Nutzen der Gesamtheit eingesetzt werden soll, mehr als ungewiss erscheinen lässt. Das Allgemeinwohl, welchem die KI dienen soll, hängt in wesentlichen Punkten davon ab, wie sich wirtschaftliche Vorteile, welche sich aus dem Besitz und der Verwendung Künstlicher Intelligenz ergeben und sich direkt auf Kapitalströme umwerten lassen, auf die Gesamtheit verteilt werden. Hierbei sind zwei Szenarien möglich: Eine Möglichkeit, welche einer Utopie ähnelt, ist, eine gerechte Verteilung von künstlicher Arbeitsleistung. Diese Verteilung garantiert zumindest mittelfristig eine wirtschaftliche Umverteilung und eine Neuaufstellung der Macht und Wohlstandszentren unserer Welt. Die zweite, wesentlich realistischere Entwicklungsmöglichkeit ist eine finanziell zentralisierte, paternalisierende Verteilung von Arbeitsleistung und finanzieller Kapazität. Unbeschönigt und

---

[34] Vgl: Tegmark, Max: Leben 3.0: Mensch sein im Zeitalter der Künstlichen Intelligenz. Auflage 2. Ullstein Buchverlag Berlin 2017. (Seite 201)

realistisch muss die zweite Betrachtung als am wahrscheinlichsten angesehen werden. Kühl und realistisch betrachtet hat es die Gesellschaft bereits bei heutigem Stand der Technik nicht geschafft, eine finanzielle Verteilung nach tatsächlicher Leistung zu installieren. Finanzielle Mittel fließen am dichtesten über Länder der Ersten Welt, welche einfache Arbeitsprozesse dorthin auslagert wo Lebensstandard, Lebensqualität, Bildungsstand und Lebenserwartung unvergleichbar niedrig sind und im Grunde eine Beleidigung für die Zivilisation darstellen, welche sie zulassen. Zusammengefasst kommt die Menschheit in ihrer heutigen Form nicht mit der ethischen und moralischen Verpflichtung zustande, ein möglichst geringes Qualitätsgefälle zwischen Kulturen und Gesellschaftsschichten zu schaffen. Vermutungen zum Thema legen nahe, dass die flächendeckende Eingliederung Künstlicher Intelligenz in Industrie und den Alltag zu einer weiteren Steigerung dieses Gefälles führen kann. Diese Aussicht, kombiniert mit dem Vergleich zur Industriellen Revolution, bietet ein bedenkliches Bild und rechtfertigt Zweifel hinsichtlich der Verwendung von KI zu wirtschaftlichen Zwecken. [35]

5.2 Verteilung meinungsbildender Instanzen

Unter genauerer Betrachtung bietet auch das erstgenannte Szenario, welches per se schon utopisch ist, noch weitere Möglichkeiten, durch welche die Utopie scheitern und das finanzielle und qualitative Gleichgewicht kippen kann. Wie in der modernen, digitalisierten Welt von heute wird auch in der Zukunft, unter der Bedingung, dass eine Staatsform, welche das Volk als Entscheidungsinstanz wählt, verbreitet vorherrschend ist, die Kontrolle von Medien eine wesentliche Macht auf das politische, finanzielle und militärische Geschehen der Welt ausüben. Hier kommt die leicht prognostische, aber durchaus realistische Überlegung zu tragen, dass nicht nur die finanzielle Verteilung der, aus KI lukrierten Mittel, sondern auch der, mit der Rechenleistung und Beeinflussungsmacht solcher Systeme einhergehende Machtzuwachs des einzelnen eine entscheidende Rolle für das Fortbestehen unserer Zivilisation spielt. So wird bei einer weitergehenden Assimilation von Algorithmen, welche der KI zuzuordnen sind, an den menschlichen Geist eine erhöhte Gefahr von Falschinformation und bewusster Beeinflussung verschiedener Instanzen auf die Bildfläche des alltäglichen Lebens treten. Die Sorge, durch multimediale Beeinflussung könne Falschinformation verbreitet und somit selbst fundierte Meinungen unterwandert werden, ist jedoch keine

---

[35] Vgl: Untersberger, Tobias: Bedenken und Visionen zur Zukunft Künstlicher Intelligenz 2018. (Seite 1 f.)

Neuerscheinung, welche nur der KI zuzuschreiben ist. Diese Gefahren kommen mit der Einbindung von Medien und Technik in unseren Alltag und sind bereits heute stark präsent.

5.3 Im Gespräch

Im Gespräch auf einer Veranstaltung der Fifteen Seconds Unlimited-Reihe mit dem ehemaligen Creative - Director von Google, Jeremy Abbett, hat sich die Möglichkeit zu einem Interview per mail ergeben. Das Ergebnis ist im Folgenden festgehalten.

„ (...) Wie würden Sie den Begriff Bewusstsein definieren?

Consciousness is the ability to feel things – love, hate, pleasure, and pain.

Welche Chancen und Gefahren sehen Sie in der Einbettung von KI in unser Leben?

The danger in AI is already being felt as decisions are being made by algorithms that have a bias' based on their makers. This will become more present as AI becomes more pervasive.

Welchen wirtschaftlichen Anreiz sehen Sie in der Entwicklung von KI?

A.I. will become a technological advantage if and when companies can harness it within their organization. As with technological advances in the past, A.I. has the potential to make companies extremely valuable as they move shift their dependence from man to machine, from scarcity to abundance.

Wie wird das Thema Sicherheit in den Kreisen der Konzernspitzen (Microsoft, Google, Open Ai etc.) gehandhabt?

Companies that deal with data as their main resource (Google, Facebook, etc.) understand that security is about trust and earning that trust with the source of their data, which in this case is people. That said, even though they might place data and security at the center of what they people are fallible. It is our ability to make mistakes that set us apart from machines.

Was sind, im Bezug auf dieses Thema, Ihre Hoffnungen und Ängste für die Zukunft?

The future cannot be predicted, it can only be experienced. To understand the future one has to be active in making it a reality and the best way to influence this is through storytelling. The most influential future scenarios are the ones that have an emotional connection with today's reality, and unfortunately, they are quite often dystopian. This dystopian view is a reflection of the angst that the storytellers embody. On the other hand, if one were to be directly involved in the communities making the science fiction into fact one would have a better understanding the impact in people's day-to-day lives. In the end, it's a question of

I'm an optimist and believe we will be better off than in the past. With each new technology, mankind is given a choice to use it for good or for bad. We have to first do so many other things, like radically alter our ways of living for the betterment of the environment, before AI becomes sentient.

Wie nahe lassen sich Ihrer Meinung nach rekursiv verbessernde Algorithmen an menschliches Bewusstsein annähern?

Recursively improving algorithms have the ability to mimic human consciousness but we are a long way from AI to actually having a consciousness. To better understand what I mean one has to have a baseline definition of consciousness. Conscious, and in turn, conscious processes are qualitative experiences that contain at least four kinds of ingredient:

Sensations and feelings, Perceptual qualities

Cognitive processes grounded on feelings and the above stated perceptual qualities

A structure that has both spatial and temporal qualities

AI can appear to have aspects of one of the four ingredients but having all four is currently only found in the domain of organic, living beings.

Wie sehen Sie die Gefahr einer Spaltung der Gesellschaft in jene, die Maschinen besitzen und die, die marktwirtschaftlich unterdrückt werden wie es bereits bei der maschinellen Revolution der Fall war?

A society consisting of those that have and those that have not is the history of mankind. Human nature itself embodies the concept of self-interest; it's what keeps us alive. The danger is when those that have more use their influence and power to repress others; something we have experienced from the very beginning of man's existence. One example of this is our educational system that was built in the Industrial Age - children of families with the means to develop themselves outside of what the public education offers have a huge advantage. As the ratio of students to teachers is typically lower than in a public school, there is more attention given to each individual student. In contrast, a public system has to deal with decision making for more students making it an ideal scenario for algorithms that are built for processing huge masses of data based on an ideal outlook.

If data is the new oil then companies that can process and make sense of the data will become the new oil barons of tomorrow. In fact, this capability is already happening at a pace that has never been felt before, and in turn, minting new billionaires from the data collected from the millions of people that have become a nearly limitless supply fossil fuel . (...)"[36]

---

[36] Antworten von *Jerremy Abbet* auf Fragen von *Tobias Untersberger* zum Thema KI und Zukunft am 04.12.2018

6. Einfache Versuche mit KI am Beispiel von ARS©

ARS© (Autonomous Resistance Sensing) ist ein Versuch, die Funktionsweise Künstlicher Intelligenz anhand eines technischen Experiments zu versinnbildlichen.

Der Aufbau besteht aus einem Metallrahmen, welcher zwei Arbeitsebenen verbindet. Auf der ersten Ebene befindet sich ein Trägermodul, welches einen Schlitten auf einer von einem Stellmotor bewegten Kette trägt. Auf dem Schlitten befindet sich ein Widerstandssensor. Dieser besteht aus einem Taster, welcher eine Bewegung in Richtung der Dedektionsrichtung ab einem gewissen Schwellwert über das Schließen eines Schaltkreises an den Prozessor weitergibt. Über dem Schlitten und dem Taster ist eine Testplatte an zwei Schnüren befestigt. Diese sind an der Rotationswelle eines Stellmotors spiegelverkehrt befestigt. Die Welle ist an der Nabe des Servomotors angebracht. Auf der Testplatte, welche ein Loch hat, welches groß genug ist um bei richtiger Position dem Taster berührungslos Platz zu geben, ist ein Masse befestigt, welches ein sicheres Auslösen des Tasters bei Berührung der Platte begünstigt. Zur Steuerung und zum Auslesen der Messwerte kommt ein Arduino UNO zum Einsatz. Dieser wird in der IDE von Arduino programmiert, welche auf der Syntax von C++ beruht.[37]

---

[37] Vgl: Untersberger, Tobias: ARS© 2018

6.1 Bauplan und Funktionsweise

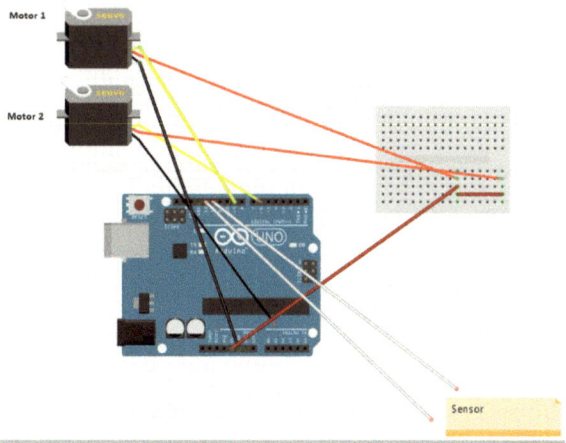

Abbildung 10 Verschaltung der Motoren und des Sensors mit dem Arduino[38]

Das Ziel des Programmes[Ahg] in Verbindung mit der Konstruktion ist es, das Loch in der Platte selbstständig zu suchen und dabei niemals dieselbe Stelle anzufahren. Dazu wird zuerst eine Startsequenz manuell über den Rechner getätigt, welche das Ablaufen des Programmes startet. Anschließend beginnt der Arduino einen Wert zwischen 0 und 360 auf Basis eines Zufallsgenerators zu ermitteln. Dies entspricht der Laufweite des Schlittens und somit des Sensors auf der Platte und steht somit für die Möglichkeiten, an welchen sich das Loch befinden kann. Im nächsten Schritt fährt der Stellmotor, welcher den Schlitten bewegt, die ermittelte Position an. Nun wird eine Messung initialisiert, wozu die Platte mittels Bewegung des Stellmotors, an welchen jene mit Schnüren befestigt ist, abgesenkt wird. Für den Fall, dass der Sensor das Loch nicht trifft, wird der Stromkreis am Sensor bis zum Wiederanheben geschlossen und am Arduino gemessen. Hier kann durch einen Serialplot ein Interface geschaffen werden. Sollte der Taster das Loch treffen, wird kein Signal erkannt und der Ablauf

---

[38] Erstellt mit Fritzing™

[41]

des Programmes ist beendet. Als Beispiel für maschinelles Lernen gilt dieses Programm, weil es mittels If-Statements ein Problem eigenständig löst. Dass dies ein sehr vereinfachtes Beispiel ist und ebenso gut als lineares Programm deklariert werden könnte, ist offensichtlich dadurch zu erkennen, dass der Prozess des Positionsuchens keine ablaufbezogenen Veränderungen auf Basis der gemessenen Daten und resultierenden Annahmen erfährt. Der Anteil des Programmes, welcher es als einfache KI kennzeichnet und somit von einem gewöhnlichen Programm unterscheidet, ist die Array-Sytax, welche auch Feldfunktion genannt wird. Diese speichert die bereits angesteuerten Winkelmaße in einem Zwischenspeicher, welchen man als Feld bezeichnet, und weist, sollte der Zufallsgenerator einen der gespeicherten Werte ausgeben jenen an, einen neuen Wert zu generieren und verwirft den alten.[39]

7. Fazit

Derzeitige Betrachtungen des Themas KI und Ausblicke auf die Zukunft fallen in vielen Fällen nicht zugunsten der Materie aus. Ein schlecht informiertes Publikum spricht von Robotern, welche uns zu willenlosen Sklaven der Technik machen, uns unterwerfen und uns der Menschlichkeit berauben. Dieser überschwängliche Hang des Zeitgeistes zu sciencefictionartigen und apokalyptischen Vorstellungen wird heute durch lückenhafte Berichterstattung und fehlerhafte Information genährt. Medien berichten über skandalöse Worst-Case-Szenarien und teilweise völlige Absurditäten. Eine große Schwierigkeit der heutigen Informationsdistribution ist die Zentralisation auf Medien und die Tatsache, dass jene, welche forschen nicht den Raum bekommen, ausführlich und vollständig über ihre Fortschritte zu berichten.

7.1 Deformation des Arbeitsmarktes

Oftmals wird in Zukunftsprognosen über KI, der Ausblick in den Raum gestellt, dass Arbeitsplätze einfacherer Natur völlig von Künstlicher Intelligenz übernommen würden. Dieser Ausblick trifft eine breite Masse, welche den politischen und sozialen Diskurs stark beeinflusst. Das Problem, dem wir heute gegenüberstehen ist jedoch nicht das Schwinden von

---

[39] Vgl: Untersberger, Tobias: ARS© 2018

niederqualifizierten Arbeitsplätzen, sondern die Aufgabe, eine systematische Veränderung in alle Teile unserer Gesellschaft zu bringen. Unter der Bedingung, dass der durch KI erwirtschaftete Wohlstand gerecht verteilt wird, ist das heutige marktwirtschaftliche Gedankengut für die Zukunft nicht zu gebrauchen. Wie es dem Standard der heutigen Politik entspricht, wird vor Erneuerungen und Systemveränderungen grundlegender Art grundsätzlich Abstand genommen. Der Grund für die Instrumentalisierung der Medien seitens der Politik ist die verlustangstgetriebene Trägheit, welcher ihr innliegt. Hierbei stellt der einzelne sein Wohl über das der Masse. Das verstärkte Interesse Entwicklungen in verschiedene Richtungen der KI zu unterbinden, beziehungsweise diese durch mediengetriebene Missbegünstigung der Macht der finanzierungs- und öffentlichkeitsabhängigen Wissenschaft zu entziehen, stellt sich jedoch einer anderen treibenden Kraft gegenüber. Politiker haben schlicht nicht die Reichweite zum Stopp eines gesellschaftlichen Umbruchs durch KI, weil die internationale Wirtschaft die Künstliche Intelligenz als reichhaltiges, lukratives und zukunftsweisendes Forschungsgebiet für sich beansprucht hat. [40]

7.2 Moravec's Paradoxon

Im heutigen Kontext werden oftmals die Kompetenzen des Menschen mit jenen der KI verglichen. Dabei werden die Fähigkeiten des Menschen der von KI mittels einer Skizze gegenübergestellt. In jener wird das, was wir Menschen noch besser als Maschinen können, als die Spitze eines Berges dargestellt, dessen Fuß von angestautem Wasser bedeckt wird. Das Wasser steht für jene Fähigkeiten, welche von Maschinen beziehungsweise Künstlicher Intelligenz besser als von Menschen beherrscht werden. Auch wenn der Lauf der Zeit vermehrt zeigt, dass das Wasser in diesem Kontext steigt, bilden sich Inseln. Eine dieser Inseln ist die Bilderkennung.

Die Fähigkeit, Bilder zu erkennen und interpretieren zu können, ist für uns Menschen und die meisten Tiere eine Selbstverständlichkeit und fällt Individuen jeden Alters meist sehr leicht. Während sich konventionelle Bewusstheitsformen nicht mit unverhältnismäßigem Arbeitsaufwand an eine Aufgabe dieser Art nähern, sind Bilderkennungen beziehungsweise

---

[40] Vgl: Tegmark, Max: Leben 3.0: Mensch sein im Zeitalter der Künstlichen Intelligenz. Auflage 2. Ullstein Buchverlag Berlin 2017.(Seite 185 f.)

Interpretationen für Maschinen und ihre Programme eine schwere Aufgabe, deren Bewältigung große Rechenleistung erfordert und meist einer enormen Fehlerquote unterliegt.

Diesen Umstand beschreibt Moravec's Paradoxon. Es wurde in den 80er Jahren von *Hans Moravec, Rodney Brooks* und *Marvin Minsky* formuliert und besagt, dass das Reverse-Engineering menschlicher und im Speziellen unterbewusster Fähigkeiten, besonders schwer ist. Bis heute zeigt sich selbst in höchsten Entwicklungsformen Künstlicher Intelligenz die Gültigkeit dieser These.[41]

7.3 Zukunft als Chance

Beispiele wie die Bilderkennung, welche Moravec´s Vermutung belegen, bieten die Basis für Überlegungen zum sinnvollen Umgang mit den Optionen, welche uns als Menschheit unsere Zukunft bietet. Das Fazit dieser Arbeit soll dementsprechend als Appell formuliert werden. Die Aufforderung richtet sich an all jene, welche der Überzeugung sind, dass Künstliche Intelligenz ihr Leben zumindest tangieren wird beziehungsweise es bereits tut. Der Aufruf soll dazu bewegen, sich als Mensch nicht von Polen, welche nur eigene Interessen im Fokus haben, lenken zu lassen. Die Entwicklungen der Gegenwart und jene der Zukunft rund um das Thema KI bieten der Menschheit einzigartige Chancen. Mit diesen Chancen geht jedoch die Verantwortung einher, mit den Möglichkeiten die jene bieten, sinnvoll, langfristig und im Interesse der Gesamtheit zu agieren. Die Erfindung und Entwicklung von Künstlicher Intelligenz kann realistisch betrachtet die letzte Innovation sein, welche die Menschheit je zur Vollendung treiben muss. Die Gefahr liegt jedoch, wie es in der gesamten Geschichte der Menschheit war nicht in der Erfindung selbst, sondern in dem Weg, welchen wir mit ihr gehen.

---

[41] Vgl: Tegmark, Max: Leben 3.0: Mensch sein im Zeitalter der Künstlichen Intelligenz. Auflage 2. Ullstein Buchverlag Berlin 2017. (Seite 84 f.)

8. Abbildungsverzeichnis und Quellennachweis

ALLE ABBILDUNGEN WURDEN EIGENS FÜR DIE ARBEIT ERSTELLT.

Literaturnachweis

Drösser, Christoph: Total berechenbar ?: Wenn Algorithmen für uns entscheiden. Hanser Verlag München 2016.

Etkov, Sergej: Blockchain für Anfänger. Auflage1. Bitcoin-Elite 2017.

Kaku, Michio: Die Physik der Zukunft: Unser Leben in hundert Jahren. Auflage 7. Rowohlt Taschenbuch Verlag Reinbeck bei Hamburg 2013.

Lenzen, Manuela: Künstliche Intelligenz. C.H.Beck OHG, München 2018.

Schäffner, Clemens: Analyse und Synthese neuronaler Regelungsverfahren. München : Utz, Wiss., 1996.

Tegmark, Max: Leben 3.0 : Mensch sein im Zeitalter der Künstlichen Intelligenz. Auflage 2. Ullstein Buchverlag Berlin 2017.

9. Anhang

9.1 Umsatzmodell der Intelligenz

Ich möchte die Idee, die Intelligenz bzw. kognitive Leistungsfähigkeit anhand des Energieverbrauchs mit einem PET- Scan zu messen, nicht für mich beanspruchen. Ich habe jedoch bei meiner Recherche keine Quelle finden können, die eine solche Idee vertritt. Aus der Möglichkeit heraus, dass ich der Erste sein könnte der diese Bemessungsart in der speziellen Kombination mit dem Thema vorschlägt, fühle ich mich verpflichtet, auch auf die Nachteile und Lücken dieses mathematischen Modells hinzuweisen.

Das Hauptproblem, das dieses - ich nenne es Umsatzmodell der Intelligenz - aufweist, ist die Implikation, dass Intelligenz der Wirkungsgrad unseres Denkapparats ist. Ich möchte diese Meinung nicht vertreten. Im Kontext der Arbeit ist es aber durchaus sinnvoll, da das Umsatzmodell eine gute Grundlage für einen Vergleich zwischen natürlichen, neuronalen Netzen und simulierten bzw. künstlichen, neuronalen Netzen bietet.

Mathematisch wird das Modell wie folgt formuliert:

$$\Gamma_{Sys} = \frac{1}{v_{Problem}}$$

Γ_{Sys} .... Intelligenz

$v_{Problem}$ .... Verbrauch an Glucose in µg pro erfolgter Problemlösung

Unter Berücksichtigung des ständigen Umsatzes des Gehirns muss die Formel präzisiert werden:

Γ_{Sys} ....Intelligenz des Systems (organisch)

$V_{Problem}$ .... Verbrauch an Glucose in μg pro erfolgter Problemlösung

V_{stb} .... Standardverbrauch (Standby)

μ................... Gemessener Verbrauch

$$\Gamma_{Sys} = \frac{1}{\mu - V_{stb}}$$

$$\mu - V_{stb} = V_{Problem}$$

9.2 Das Programm des ARS©-Projekts[42]

```
#include ``stdafx.h´´#include ``iostream´´#include``random´´#include ``cstdlib´´#include
``set´´#include ``Vector´´#include ``algorithm´´ Using namespace System; Int
main(array<System::String^>^args)

{

 std::mt19937 generator(2018093);

std::uniform_int_distribution <int> distribution(0,180);

std::vector <int> randomnumbers;

while (randomnumbers.size()< 180)        // randomnumbers.size() < 180  → wird im
Laufprogramm durch { digital.Read(sensor) == HIGH

}ersetzt.

Int a = distribution (generator);

bool b= false ;

   b = std:: find(randomnumbers.begin(), randomnumbers.end(),a) != randomnubers.end();

   if b == true)

   {

   continue;

   }

   else

   {

   randomnumbers.push_back(a);

   }

}

For (auto it = randomnumbers.begin(); it != randomnumbers.end(); it++) // for-loop für
Ausgabe

{

Std::count << *it<<std::endl;

}

System(`` PAUSE´´);

Return EXIT_SUCCESS;                                    }
```

---

[42] Untersberger, Tobias: ARS© 2018

9.3 Weitere Dokumentationen aus dem ARS©-Projekt[43]

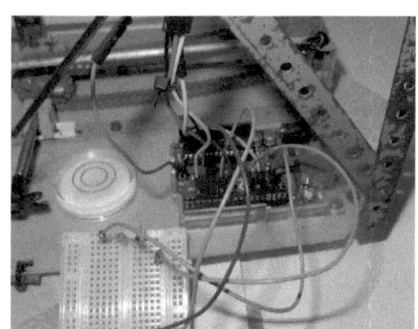

Abbildung 13 Sensormodul

Abbildung 11 gesamter Versuchsaufbau

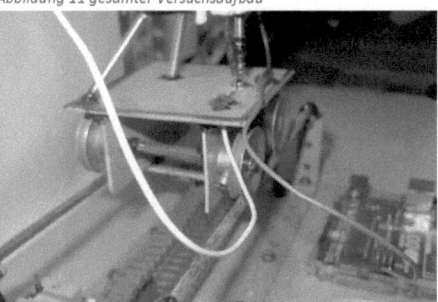

Abbildung 12 Schlitten auf Schienen

Abbildung 14 Verkabelung mit dem Rechner

---

[43] Bilder: Tobias Untersberger 2019